THE
COLLECTED BULLETINS
OF
PRESIDENT IDI AMIN

THE
COLLECTED BULLETINS
OF
PRESIDENT IDI AMIN

as taken down verbatim
by
ALAN COREN
and published weekly in the pages of
PUNCH

Illustrations by
Chic Jacob and Glyn Rees

ROBSON BOOKS

FIRST PUBLISHED IN GREAT BRITAIN IN 1974 BY
ROBSON BOOKS LTD., 28 POLAND STREET, LONDON
W1V 3DB. COPYRIGHT © 1974 *PUNCH* MAGAZINE.

ISBN 0 903895 16 1

First impression March 1974
Second impression April 1974
Third impression June 1974

The publishers would like to thank Punch *magazine
for their cooperation in this publication.*

Printed in Great Britain by Hazell Watson and Viney
Limited, Aylesbury.

INTRODUCTION

LOTTA PEOPLE gonna be wonderin' about how de corner-
stone o' Ugandan literature gittin' laid. Lotta people gonna
be walkin' about over de nex' few centuries an' quotin' de
ensuin' tome at one anudder an' mutterin': "How dis
great talent kickin' off? History recognisin' where he de
fust-class military genius, also de dipperlomatic giant o'
his generation, not to mention bein' a dab hand at de five-
card stud, but how it comin' about dat de great Idi Amin
also wipin' de floor wid Wilfrid Shakespeare an' Edward
de Gibbon an' sim'lar?"

Well, to save de lit'ry historians an' de critics an' every-
one bashin' de brains out figurin' how I takin' de worl' by
storm, it happenin' this way: early in 1973, de magazine
Punch suddenly takin' it on itself to report a conversation
wot one o' their hacks overhearin' down de Kampala Used

Car Lot. Natcherly, they gittin' it all cocked up, an' I reckonin' dat de best way o' me straightenin' 'em out is wid a diggernified an' dipperlomatic letter pointin' out where I gonna come up de office an' nail de editor's bonce to de floor. Dis bringin' a telegram by de return post offerin' me de chance to tell de Uganda story in my own words, an' I jumpin' at de opportunity. De magazine appointin' one o' de resident hacks to check de copy fo' spellin' an' punctwation etcetera, an' dis de place fo' me to pass on de gratitude to dis A. Coren person fo' havin' de good sense not to start muckin' about wid de matchless prose; still, ain't gonna lean too heavy on de thanks, on account of Coren knowin' which side de bread buttered an' not wishin' to wine up wid a coupla holes in de vest f'om de famous .45 Webberley.

So each week (wid certain exceppertions, on account of us top international figures constantly gittin' called away on de affairs o' state, such as de mass hangin's, or declarin' war on de despicable Nyerere, or a new fillum up de Entebbe Gaumont), I bin bangin' off de action-packed bulletins to Fleet Street; an' since de whole series constitutin' a piece o' de livin' history, I reckonin' it time to cobble de entire output together, an' grab de market while it hot. De worl' bin waitin' fo' a noo *Birf O' De Nation,* an' here it are!

Jus' one final word to de esteemed critics. One o' de mos' interestin' aspecks o' dis masterpiece is de fac' dat it gittin' writ by a man wot capable o' shootin' de bum off of a runnin' ferret at five hunnerd yards, wid either hand. Dat possibly explainin' why it such a enjoyable read, as all de rave reviews gonna be pointin' out.

PRESIDENT IDI AMIN, VC, DSO, MC
Kampala, February 1974

ALL O' DE PEOPLE, ALL DE TIME

> *"General Amin is to sell off the two thousand motor cars left behind by exiled Ugandan Asians."*
>
> Daily Telegraph

GOOD MORNING, I see you is lookin' at de famous Humber Super Snipe 1959 what only done 2,000 miles, all that on gravel drive by dis ole lady what is using it fo' going down to de gate/to git de milk, a bargain at fifteen hunnerd poun', also you helpin' de economy no end. What you lookin' at there, boy?

It lookin' like de treacherous rust to me.

Yeah, well you is an ignorant bugger, you go on like dat you is li'ble to wine up wid a spanner in de head, de price jus' went up to eighteen hunnerd an' fifty. What you got to say to that, boy?

Dis brown coachwork is damn elegant. What de fuel consummertion like?

Gittin' aroun' two hunnerd mile per gallon, cheapest fuel. Dis car designed to run on anything. Conk out in de middle of nowhere, jus' piss in de tank, you is good for another fifty mile. Also note de fine upholstery.

Hum. It all depending whether you a fan of de plastic. Pussonally, I find it stick to de bum, but . . .

Look, it my normal opinion de customer is always right, but that don't mean I ain't gonna git a coupla colonels down here to walk about on your face if you give me any more of this kinda lip. You is looking at genuine pigskin there, boy. It bin treated to look like plastic on account of dis car bin built for gennelmen who ain't in the habit of bein' flash and goin' on about de three-piece suite. Dis also account for de lack of windows, what gets specially knocked out at de factory. Look at cheap cars, fust thing you notice is they all got windows.

Ain't no carpet on de floors.

Yeah, well you prob'ly noticing where there ain't no dining table neither, with lace cloff and wine bucket. This is on account of you ain't lookin' at a whorehouse parlour, son; it got a wheel on each corner, and we calls it a car. Take no notice of de price-tag, we knockin' dis one out at two grand, special offer, including free dog.

Can I have a run roun' de block?

Sure you can, it a free country, boy, you run where you likes, I ain't promisin' de car gonna be here when you gits back, this here automobile is a hot bargain at twennyfive hunnerd, no cheques.

Hum. What kind of guarantee you givin'?

Normal guarantee. Anything you find you don't like about dis top-class car, jus' give us a ring and we'll come roun' and kick your teef in. Where de money?

Hold on here, I don't have to buy it.

True, son, true. Don't have to spend de nex' ten years gittin' about on crutches, neither. Remember, you is doin' dis for de good of your country.

You sure about that?

Lissen, boy, would I lie to you?

February 7 1973

DE WAY TO DE STARS

"Radio Uganda broadcast yesterday that President Amin had reported sighting a mysterious flying object, descending and then taking off again over Lake Victoria."   The Times

GOOD EVENIN', world! You no doubt been readin' in de famous *Times* newspaper and elsewhere about me seein' off this Thing what are landing in Uganda, hub of civilisation, last Saturday dinner-time. I ain't normally one to rush out wid de wile claims, but as, on dis occasion, de affair concern de entire world on account of how dis Thing planning to take us all over and turn de planet into soup, I reckon you got a right to know how you was saved.

I was jus' coming back from chucking out de Cabinet and working out an ad for de papers about all these pretty good cars now on de market, what wid de owners concerned currently kicking their heels in chokey prior to gettin' put up against de wall, when I see dis green light hoverin' over Lake Idi, formerly Victoria. It look about de size of Wemmerbly footer pitch, and it going like the famous clappers before stoppin' for the ole hoverin', and I say to myself "Hum, dis are indubitably a Unknown Flyin' Objeck! Point is, are it comin' direct from God to his chum Idi, an' possibly containin' large numbers of ackers with a view to wipin' out de National Debt, or are it somethin' less appealin', i.e. some Asian bastard in a secret weapon, it gonna cause untole damage?"

Years of de well-known diplomatic training now comin' out, I creep up on de Thing and pull out de famous Webley .45, on account of if it come from God it prob'ly bullet-proof, an' if it come from Calcutta or Southall or somewhere sim'lar, a hole in de head is best for openers. Anyhow, just as I linin' up de sights, dis door opens an' a tall green item wid three heads come down de steps.

"What-ho," it say wid de far left head, "you mus' be de famous Nearly Field-Marshal Idi Amin Esq., wot we all hearin' so much about on Pluto and neighbourhood."

"That me," I reply, "you talkin' pretty good English fo' a dog. How Donald Duck keepin'?"

"Har! Har!" go all the heads, pussonally I don't see what's so funny, dese green bastards got a damn' queer sense of humour if you ask me.

"Wot you after?" I ask them, wantin' to get to de point, on account of I already overdue for a coupla shootings and a bit of de ole toenail-pullin' and I ain't ever gonna get to de Odeon at dis rate, either.

"Well, we gettin' de word where you is shapin' up as King of de World," say de Thing. "It lookin' like de White lot has finally woun' up business, and you indubitably Top Nig, anyhow dat de way it lookin' from Pluto. We Greens

13

is gettin' a whole different perspective, especially wid de three heads. So what we offerin' is a merger, we got an expanding population, lot of Plutonians standin' round scratchin' de bum on account of unemployment, what we got in mind is unloadin' a coupla million surplus Greens, you got a lotta space here, jus' what we lookin' for."

"Suppose me and the world say no?" I says.

"Any of that," say de Thing, "and we turnin' on the well-known death-ray wot we gettin' from sendin' up de Kelloggs packets, gonna be a lotta things goin' *BLAT!* and *KAPOW!* and similar. You no doubt a student of de *Hotspur* etcetera and know we ain't bluffin'."

He got me there.

"Look," I reply, "it sound to me like wot you needin' on Pluto ain't so much a reduction in popperlation as a few damn good organisers, a few topline Cabinet Ministers, Generals, Bishops, that kind of item, we got top blokes here, soon get things sorted out, soon whackin' out de ole Gross National Product fit to bust a gut. These here Asians is bloody first class organisers, best thing is I crate up a few dozens and send 'em off along wid de Ministers and so forth. Got more'n enough here. Surplus to requirements."

The Thing amble about a bit after that, scratchin' de various bonces, and he come back and say, "Right-ho, King, we gonna try it your way first off. Anything go wrong, we gonna come back here and step on your face."

Then he climb back in UFO and eff off, very quick.

He comin' back, though. On a regular basis. So I jus' want to say, apart from pointin' out that the world bin saved once again by a genius of the stature of Attila, Hitler, Nelson Eddy etcetera, that if anyone notice people vanishin' from Uganda over the next few months, not to worry, they all doin' damn good on Pluto.

March 14

PUTTIN' DE RECORD STRAIGHT

IT ME AGAIN! Now, many of you no doubt chuckin' up de windahs at dis moment an' yellin' to de neighbours, "Wow! It are Ammiral of de Fleet Idi Amin Esq. writin' in de famous *Punch* two weeks runnin', git yo' copy while stocks last!" an' who gonna blame you being excited, ain't too much top-class readin' matter these days now Charles Dickens run out o' steam; but wot you possibly not graspin' is de real motive behind all dis heah creative stuff.

Thing is, it bin strikin' me lately dat de world gittin' a

one-sided view of Uganda, partickerly from people such as Philip Short, who goin' round tellin' everybody he de *Times* correspondent in Uganda, also constantly on de blower to de BBC and Reuters: de man clearly a greedy pig, no doubt filin' stuff for *Beano* on de side and gen'lly piling up de negotiable tender in fourteen Swiss bank accounts. Up till last Friday, he makin' a damn good screw out of Uganda, and this de main reason why he gittin' a sharp one up de khyber and bein' deported. From now on, anyone wantin' valuable information concernin' me and my place gonna have to contact me personal, cash on de nail, no cheques.

De other reason is on account of dis Short bugger bein' totally unreliable: he find out we got an ex-Home Seckertery in de basement wid his ear nailed to de side-board, an' first thing you know is Short runnin' off at de mouf about de breakdown of law and order instead of typin': "Spot on, Air Marshal Idi Amin, Ph.D., dis are what I call de smack of firm gumment, wot about nailin' his other ear to de floor?" Ain't no use havin' a free press an' no disgustin' censorship if people gonna take advantage of my generosity to start bangin' off a load of pussonal opinion, not to mention failin' to point out where I curin' leprosy, raisin' people from de dead, an' sim'lar, all at rock bottom rates.

Wot journalism comin' to, dat what I want to know? Ain't seen Loppy Lud in Kampala ever.

Pussonally, I reckon Ian Smith got de right idea, ain't no sense jus' deporting dese blighters, all they do is get off at Heathrow an' start whackin' away on de ole microphones at fifty bob a minute, smilin' at de cameras an' lookin' for publishers ready to put loot on de barrelhead for books entitled *Wot De Hell Goin' On In Uganda?* Ole Smitty ain't lettin' 'em out so easy, soon as he hear someone like

16

dis Peter Niesewand character steppin' outa line, he bungin' 'em in chokey and chuckin' de key down de drain. Dat my plan from now on, an' no mistake!

Me an' Smitty gonna have Africa nicely tied up between us, pretty soon.

March 21

OUR MAN IN KAMPALA

BIT OF A RUSH wid de copy dis week, world, dis Foreign Correspondent game got more in it than meet de eye, turned out wife number four knocked off de cleft stick on account of it a top-hole day for drying vests, wid de result that my hot line to de outside world bin holdin' up de clothes-rope out back till jus' now. Won't happen again, though: she gonna get three years for interferin' wid de freedom of de Press, soon as de Supreme Court soberin' up.

Still, it a dam' sight better filin' your own stuff, as I explained in my last article (wot jus' bin awarded de famous Gobel Prize For Literature, de top Uganda gong for genius, £25,000 in used notes given by de gumment whenever it knocked out by a first-class piece o' spellin'), an' I damn glad most of de other correspondents currently gittin' de order of de boot.

In fact, dis week's hot story concernin' a sim'lar piece of legislation, only dis time in de ol dipperlomatic field. You no doubt bin hearin' elsewhere about how I givin' de well-known heave-ho to de British High Commission. From now on, ain't gonna be none of dis formal contact between de Uganda Gumment an' Acting High Commissioner Harry Brind, who damn lucky he ain't gittin' a poke in de conk, struttin' around in de pinstripe material and de polished boots an' claimin' he de direck link wid de Queen. I ain't got nothin' against de Queen, God bless her an' all wot sail in her, only she and Brind got to know their place; they occasionally forgettin' that I got a direck link, too, an' mine is wid de Almighty, and he gettin' pretty choked off lately wid de way dis Brind item bin shovin' his nose into de pussonal affairs of His Emmisary On Earth, Special Agent Idi Amin, D.Litt., 007, winner of de Gobel Prize two weeks runnin' if I'm any judge.

Dis Harry Brind ain't gonna do any representin' no more. In addition to bein' de Foreign Press Corps, I now also de new Acting Acting British High Commissioner, wid special responsibility for dealin' wid de slow takeover of British property in Uganda, i.e. sendin' de Flyin' Squad round to change de locks an' hand out de one-way tickets for de next Dakota. De milliner jus' bin round wid de new hat, it got plumes comin' down over de ear, and I got dis spiffin' new dress uniform, it got Ammiral of de Fleet trousers, Air Chief Marshal jacket, an' de genuine ermine

D.Phil. (Oxon.) gown fastenin' at de neck wid de VC, Iron Cross, an' Gobel Prize Medal and Bar. Dat what a High Commissioner ought to look like, a bloke wot stand out at de garden party, keep de waiters on de hop wid de ole cucummer sandwiches, and not gittin' mistaken for a patron of de Montagu Burton Hire Purchase Department. Also got a big ceremonial sword, comin' in damn useful if anyone else's Ambassadors gittin' funny ideas.

Still, de main question remainin' unanswered: which are, do I get addressed as His Excellency President General Idi Amin, Esq. or President His Excellency General Idi Amin Esq., or General His Excellency . . .

Anyone got any ideas, I'll be down de used car lot.

March 28

PART ONE: DE GADARENE STORM

THINGS SHAPIN' UP pretty good wid Tanzania, wid any luck it all gonna be over by Xmas, and dis country gonna have a genwine hero, ain't no use walkin' about and chuckin' de opposition in chokey an' choppin' de hands off of looters an' bootin' out de Asian parasites; ain't worth more'n two paragraphs in de average History Of De Worl. Man wants to git in de househole word rank, wid de statues springin' up like mushrooms when he snuffin' it, he gotta git hisself a Great War. Bit tough on Tanzania, but dat de way geography crumbles, damn lucky for Nyerere I ain't Attila de Nun.

Anyway, as you no doubt been readin', I got de bicycles, I got de kilts, and there ain't nothin' stir de people up like de sight of de ole Highland Cavalry comin' over de hill on their Rudge Gents' wid de skirl of de bicycle bells and de knees whanging up and down like footer balls. We gonna be de Blackest damn Watch anyone see in a long time, and pussonally I ain't givin' de Tanzanian Fusiliers more'n about two days, top weight.

What de famous *Times* ain't noticin', what wid concentratin' on de purchase of de kilts and pushbikes, is I now kitted out wid de porkpie hat, boiler suit, and a box of de well-known Havana cigars specially grabbed by de Home Seckertery off de British High Commissioner's desk. Main thing now is gettin' de speech polished up, then we can git on wid de annexin' and wipin' out. Speech lookin' pretty good already; here's what we got so far:

"Ain't got nothin' to offer but blood, toil, tears, sweat and a poke in de mouf for anyone wot gittin' funny ideas. We ain't gonna do none of this flaggin' or failin' business. We gonna fight on de seas an' oceans, if Tanzania comin' up wid any, we gonna fight on de beaches an' de landing grounds, we gonna fight in de fields an' de streets an' in de hills, and if we gittin' any trouble from de staff, we gonna fight in Dar-es-Salaam Woolworths. Way we plannin' to bear ourselves, even if de Ugandan Empire gonna last a thousand years, people still gonna go round sayin', "Hum, dat was de finest hour, an' no mistake!" Dis ain't de end. It ain't even de beginning of de end. Maybe it de end of de beginning. Mind you, it could always be de beginning of de beginning, or de end of de middle, or de middle of de end part of de beginning. Give us de job, and we gonna finish de tools. I now takes great pleasure in givin' de prize for progress an' attendance to Mungo Boan of 4A."

Gonna hit 'em wid dat in Ngaga Road Junior Boys soon as de signs is right, and from then on, ain't gonna be nothin' but glory, fame, an' Graham Sutherland portraits all de way. 'Course, what we hopin' is Nyerere gonna run screamin' to de US of A, an' Nixon comin' in on Tanzania's side. I bin readin' where he just about to shell out three billion dollars to de Viet Cong, an' in de well-known words of Winston, dat ain't hay.

April 4

A WORD F'OM DE SPONSOR

YOU PROB'LY SEEN de well-known David Frost on *De Amin Programme* de other night, just show you de strides Uganda makin' under de new management, never got no David Frost comin' out here for *De Milton Obote Show*.

Pussonally, I got a lot of time for D. Frost, also for anybody what gittin' to de top, irrespectable of de talent an' de qualifications, no use havin' de four O-levels includin' Eng. Lit. if you ain't got de drive to go wid it, all very well bein' able to explain in your own words wot

Macduff sayin' to Banquo in Act V, also how many times anyone usin' a oxymoron, but it ain't much help when de Opposition want to know wot you bin doin' wid de Oxfam money. Only thing you need then is a big stick wid a nail in de end, an' bugger de plot of de well-known *Sense an' Prejudice,* dat James Austin spendin' too much time hangin' about wid ole women to know wot life all about.

Anyhow, after de consid'able success of my tee vee show, I bin plannin' de summer schedules, an' I reckon we got a pretty good season lined up. Kickin' off mose evenin's wid *It A Knockout,* where we got two teams of Asians competing for de famous one-way economy ticket, got to shin up a greasy pole wid their families, winner gittin' de ticket an' a chance to go on de Treasure Trail for de val'able bus-ride to Kampala Airport. Dat shapin' up as a chart-topper, look like beatin' public executionin' in de ratings. Close second we got *Dis Your Life,* where people comin' on an' sayin' how they bin at school wid me and I a fust-rate board monitor and a natural leader, also all my own teef, and then we got de *News* wot gonna be all about de boomin' economy and de footer results and how Nyerere keepin' pigs in de bath. Also runnin' *Git Out,* dat de programme for de foreign residents, explainin' in their own language about where to leave de stamp colleckertions an' de gole fillins etcetera and where to stand for de next bus. Big one for Sat'day nights is *Sale Of De Century,* got to shift these damn cars somehow, got de rust showin' now, an' de upperholstery full o' rats, followed by *De Source Of De Nile* where you get me tracin' de history of Africa in song, doin' such famous nummers as *Swanee, Sonny Boy,* an' de ever-pop'lar *Shine On Harvest Moon* immortalised by T.S. Elliot and his Quartet.

Also got an entire new line in de Late Night chat show. Amazin' how people in England an' America bin puttin' up wid de crap all these years, nothin' goin' on but three people gettin' asked questions under de spotlight, an' if they don't feel like answerin' they goin' "Har, har, har!" or similar an' Morris Parkinson sayin' "Okay, now we gittin' a song from Lord Wigg's latest LP", an' that way people slidin' out from de awkward questions all de time. Ain't gonna be dat way in Uganda. People comin' on my Late Night show, I gonna say "Right, Mbibi, what happenin' to de Annual Outin' Fund?" and if Mbibi start goin' "Har, har, har!" he gonna git a kick in de mouf, jus' for openers. If dat ain't workin', he gonna be hangin' by his thumbs for de rest of de programme, an' if dat ain't de best way to git de rest of de guests shapin' up, I don't know what is.

De worl still got a hell of a lot to learn about tee vee, if you asks me.

April 11

ME AN' SMITTY

AFRICA takin' another great leap forward dis week, bungin' de disgustin' Peter Niesewand in chokey, wid a bit o' luck he gonna rot there; nothin' like a bit o' rottin' to teach people their place. It truly amazin' how Ian Smith comin' on as a African leader in de great Amin mould; him an' me constitutin' de twin bollocks against Communism in Africa.

It seemin' like only yesterday Rhodesia a hot-bed of de well-known pinko dissent, load o' left-wing judges in de pay of de Kremlin goin' through long riggermaroles like "Wot you pleadin'?" an' "Has he got a lawyer?" an' "Who de jury foreman?" an' suchlike instead of jus' bringin' de bugger up from de cells an' gittin' de black maria roun' de front wid de engine runnin'. Also used to have de incredible open courts, memmers of de public comin' in an' waggin' their ears an' tryin' to subvert de course of justice any time de judge feel like steppin' across de court an' givin' de accused one up de bracket. Dat what colonial rule doin' fo' a country, dat de famous decadence everyone talkin' about, responsible leadership can't even get de firin' squad out of bed Good Friday widout some commie journalist tryin' to print de story. Doan seem like it was less than eight years ago people used to be able to read any ole trash in de Rhodesian papers, an' no-one to protect 'em from findin' out de sort o' stuff that could keep 'em awake half de night. Me an' Smitty got de right idea about newspapers, as long as they stickin' to what's on down de Odeon an' who bin snuffin' it from natural causes an' what size yam carryin' off de Grand Challenge Cup up de Bulawayo Bring 'n' Buy, dey doin' a great job. Any editor steppin' over dat gonna wine up wid a headline in de obit column.

'Course, a lotta people sayin' Smitty bin takin' a long time gittin' aroun' to de secret trials an' jailin' de journalists, an' wot kind o' firm leadership is dat? What they doan unnerstan is you can't expeck a white man to suddenly emerge as a natcherl leader overnight, he got seven hunnerd years o' de notorious democracy against him, he needin' a little more time to develop, he bin brought up different, he bin used to a different system wid people walkin' about an' sayin' "On de one hand" an' "On de udder hand" and "Wot about takin' a vote on it?" an' all dat cod's wallop, an' it prob'ly goin' against de grain

28

wid a lot o' Rhodesians at first, havin' de famous kith an' kin whipped out o' circulation, put under house arrest, hauled off in de middle o' de night, censored, deported, beat up, an' all de rest o' de things wot demonstratin' political maturity. Got to remember a lot o' Rhodesians only bin in Africa a few years, can't expect a bunch o' primitive immigrants to unnerstand wot de country all about.

'Course, dey learnin' pretty quick, most of 'em stopped askin' questions, most of 'em jus' gittin' on wid makin' de bread an' keepin' their noses out o' where it doan concern 'em, most of 'em forgettin' they was ever Brits an' brought up wid all de crap about free press, free elections, open trials etcetera, most of 'em learnin' how you git to be a good African, these days.

Dey got a great little teacher in Smitty, anyhow. I oughter know. After all, it lookin' like he learned it all from me.

April 18

WELCOME TO DE COSTA UGANDA!

WELL, HERE WE ARE, Easter come an' gone an' de tourist season well under way, everyone gittin' de bugs out de beds an' hangin' up de Airwick in de lavs prior to de great summer rush. Pussonally, I doan pay too much attention to de Easter business, bein' a Muslim, but dis year we bin celebratin' in de traditional way, wid de pubberlic executions anywhere wid a hill convenient for de bus.

We lookin' forward to a pretty good tourist season, now we kickin' out de Asian hoteliers and fillin' de premises wid de trained Ugandan staff wot shapin' up top-hole: soon as we train 'em to stop eatin' de suitcases, we gonna be able to offer de fust-class service, also got to git 'em out de habit o' shinnin' down de lift-cables wid de room-service requirements, lost fifteen waiters over de weekend, found 'em all in de basement looking like a stack o' hamburgers. Also lookin' for a way to stop de chambermaids comin' down to de swimmin'-pool at sunset an' drinkin' it.

Accommerdation apart, we offerin' a lot of interestin' sights in Kampala and environs, such as watchin' de changin' of de guard, which is where de incomin' lot turnin' up every mornin' at eleven a.m. an' shootin' de outgoin' lot. Also sellin' de pop'lar souvenirs, de traditional figures holdin' ashtrays, cigarette lighters, nutcrackers etcetera, provided de last gumment comin' back from de shrinkers in time. Gonna open all de stately homes, too, so's de pubberlic can see where de antique furniture used to stand and de ole master pitchers hangin' before we put 'em on de truck, not to mention de famous tours of de game reserves to see de journalists, Tanzanian dipperlomats, in-laws, an' all de rest of 'em, any tourist takin' de Brownie out better watch it if he doan wanna end up on a string in de Gift Shoppe: de traditional native carvin' ain't dead by a long shot.

Evenin's we puttin' on de Song 'n' Looniaire, showin' de history of Uganda from last Tuesday up to de present day, featurin' such pop'lar items as *Idi Amin Goin' Out For Fags, Idi Amin Up De Footer Match, What Idi Amin Doin' In De Holidays, Idi Amin Singin' Along Wid His Geraldo Records,* an' so forth, bound to pull de pubberlic in, got two regiments o' pullers standin' by, jus' in case de Kampala Gaumont tryin' anything funny such as puttin' *Tom 'n' Jerry* on again.

Anyway, as I bin pointin' out in de press, de whole

obberjeck of de tourist exercise is on account of we needin' to pull in de famous foreign currency wot turnin' out to be in pretty short supply now we kickin' de foreigners out. So wot we got to do is kick 'em back in for a bit. Pussonally, I preferrin' not to let 'em get further than de airport, jus' ask 'em to step off de plane an' leave de travellers' cheques in a pile by de gangplank while waitin' for de nex' flight back.

Trouble is, that ain't gonna satisfy 'em. Everyone want somethin' for nothin', these days.

April 25

GUNBOAT DIPPERLOMACY

NATCHERLY you all bin wonderin' where I bin dis past week, everyone rushin' out to git de famous *Punch* of May Two an' flickin' through de pages, ain't nothin' but de usual run of ole cobblers, *Where de Idi Amin spot?* cry de world, an' a lot o' newsagents endin' up on their knees lookin for teef all over Platform Nine.

No doubt consid'able nummers o' imperialist trash takin' dis as a sign dat Idi Amin got de skids under him an' de victim of a coo, an' waitin' fo' a new man to appear down de Kampala Wimpey an' tellin' de foreign press conference "Yassum, we done got rid o' dat uppity nigger, hush mah mouf, jus' put yo' boot on dis step, bwana, I givin' de best shine east o' de Congo," only dat ain't de way it is. Fact is, I bin gittin' de Ugandan Navy in shape, and it bin takin' up a lot o' time, wot wid havin' a hole in it, also de parrot bein' delivered untrained, all it do is stand on de shoulder wid its mouf shut and leave droppin's on de new epaulettes.

Many o' you no doubt seen where I bin havin' talks wid de French, also de Russians, wid a view to settin' up a Navy; main problem is we ain't got no sea, an' short o' takin' de fleet through Tanzania on de bus there ain't no way at present o' gittin' it into de Indian Ocean, which is where you want to be if you gonna start sendin' gunboats an' conquerin' stuff. So we startin' in a small way, puttin' a fleet on Lake Victoria; gonna sink a few duck, torpedo de odd hippo, an' soon as we got de ole eye in, we gonna declare war on de US Navy or sim'lar. Dis mean that either they gonna have to back down, in which case we gits de lot, includin' Las Vegas, Miami, an' de Playmate o' De Year, or they gonna have to come to Lake Victoria an' take us on. Now, a lotta people wot ain't boned up on de naval strategy, such as *Mr Midshipman Easy* an' *Swallows 'n' Amazons* etcetera, gonna say "Hum! Washington puttin' in a couple o' missile ships an' a aircraft carrier, where you gittin' off wid a converted paddleboat from de Regents Park kids' pool an' de Seckertary o' State fo' Defence standin' up de sharp end wid his uncle's shotgun?" What they ain't realisin' is America gonna have to bring its air-craft carrier in by air an' build it on de beach. Soon as we see 'em unpackin' de pigskin suitcases, we gonna pedal up like lightnin' an' let go wid bofe barrels. Dis gonna give us a aircraft carrier, also a lotta fust-class luggage. I gittin' sick o' arrivin' in foreign capitals wid de spare underwear in a brown carrier-bag wid Cohen's (Smoked Salmon) Ltd. on de side, people think I a pickled herring salesman instead of a famous international dipperlomatic giant.

An' once you got a aircraft carrier, you really somebody. You got status. People gittin' off de pavement when you walkin' by, people gittin' up fo' you on de tram, you ain't walkin' naked into de conference chambers o' de world, people sayin' "See dat gennelman wid de black eyepatch an' de wooden leg under his arm an' de Bumper Boy's Telescope wot foldin' out in four sections an' de new frog flippers, dat Ammiral o' De Fleet Idi Amin Ph.D., Esq., an' soon as he finish negotiatin' dis new loan, he goin' out after de well-known Moby Dennis again."

Wid a bit o' luck, I could be de nex' Robert Newton.

May 9

DE GREAT NIXON COCK-UP

DE CABINET comin' back from de holidays dis week, and about time too, de dishes pilin' up in de sink somethin' terrible. Gonna be good changing socks every Friday an' no mistake. You no doubt bin' readin' where one or two o' de ole trusted colleagues not showin' up on cue, includin' a Under-Seckertery o' State, an' if he readin' this up Nottin' Hill or wherever he hidin' his black bum, de message is Git back here double-quick if you don't wanna wine up as a Permanent Under-Seckertery, on account of there's a lotta Uganda you could wine up permanently under.

It beatin' me why all dis trash seekin' de political asylum, as a matter o'fact, when we got de bes' political asylum in de world right heah in Uganda, three square meals a day plus bread puddin' Sundays an' your own rubber spoon free o' charge. Also, you gits to meet a very high class o' loony, High Court judges, top journalists, opposition spokesmen, not to mention a large number o' madmen wot is on de record as believin' dat I ain't gettin' de current economic pollercy direct from Jesus Christ Hisself.

Anyhow, it all goin' to show dat you got to watch your mos' trusted execckertives like a hawk if you wants to stay in de leadin' business, an' it mystefyin' me why President Nixon makin' dis almighty cock-up, such as lettin' em go home at knock-off time an' not tyin' 'em to de chairs when they goin' up de barbers. If you don't do that, they gonna rush aroun' grabbin' de credit; soon as a coo gits pulled off, and befo' you know where you are, they gonna be makin' a snatch for de top job. De way I sees it, Nixon comin' up wid dis great scheme to kick in de windows at de notorious Watergate, which he puffickly entitled to do, bein' a President, an' soon as it comin' out, all de rubbish wot he surrounded hisself wid and in who he placin' de well-known deep truss go grabbin' de credit. Natcherly, soon as dis happenin', Nixon start givin' de ole heave-ho, chuckin' out Attorney Gen'ls an' sim'lar, but it too late by then. People ain't gonna believe him when he finally gittin' aroun' to acceptin' responsibility for dis masterpiece o' leadership. He gonna come on de ole TV an' say: 'I bin thinkin' it over, an' I want everyone to know de whole thing was my plan from start to finish," an' everyone gonna say: "Hum! You jus' pinchin' de credit now it all comin' out, you never thought de great scheme up, give us de bloke wot doin' de caper, wot we need is de smack o' firm gumment, an' you piss off out of it!"

An' serve him damn well right, by jove! Ain't de way we playin' it in Kampala, I can tell you: only last week, it comin' to my notice, via a aide wot I keep chained to a pole down de telephone exchange, dat one or two new loonies bin meetin' up de Ngonga Snooker Parlour an' expressin' dissatisfaction wid de postal services on account of letters from relatives sayin' *Please find enclosed best wishes for de birfday buy yo'self sunnink wid de one-poun' noat* bin arrivin' marked *Opened in error* an' no explanation about how de loot fell out down de Ministry o' Stamps an' got lost.

Soon as dis reachin' my ears, I off like de wind, kick in de Ngonga Snooker Parlour door, and droppin' all four of 'em before they gittin' the chance to tee up fo' de blue. Nex' thing I know, I hear dis aide down de phone exchange bin tellin' everyone how he behind it all. Still got two shots lef' in de famous Webley, so nex' stop de exchange; dis fink start runnin' like mad soon as he catchin' sight o' me, but not makin' more'n ten yards on account of de rope roun' his neck. 'Course, bein' a sportsman, I let him git to de far end o' de rope before openin' up.

Bin a long story dis week, world. Main reason is, if de American people ever gittin' aroun' to ditchin' de so-called President Nixon, I'd like 'em to know where to come fo' a leader wot ain't afraid to do a bit o' leadin', fo' a change.

May 16

38

SPECIAL RELATIONSHIP

MISSIN' OUT another week last week, world, no report an' people sayin' *Hum! It de day o' de jackal, Field-Ammiral Idi Amin o' de RAF finally bin plugged by de opposition, dis spellin' de end o' de road for de famous Punch magazine, gonna be circulation men jumpin' off ledges all over Fleet Street,* but, no, once again I bouncin' back like de proverbial mad penny. De fact is, last week we bin runnin' aroun' like nobody's business down Parliament House on account of wot bin happenin' in England wid de board o' directors o' de world famous Uglow Company.

No doubt you bin readin' in de *Film Fun* financial pages an' elsewhere about how Uglow, de multi-pound tradin' company wot linkin' Uganda raw materials wid Hounslow brains an' money, bin havin' trouble wid de well-known whizz-kid Maurice 'Weeny' Morris: it all comin' to light at de AGM, where de eight board memmers findin' out dat de famous ex-GLC sanitory inspector J.P. Foskett, who bin taken on as a consultant on account of his unique knowledge of Uganda where he got a cousin wot bin sendin' reg'lar letters home, has bin given de boot. Formerly pullin' down a salary o' fourteen poun' a week, less stoppages, he now bin paid off wid a golden handshake rumoured to be in double figures; trouble is, it bin arranged for dis salary to be paid into a account in de Solomon Islands, on account of a clerical error; ain't no tax concessions in de Solomon Islands, an' when de unfortunate J.P. Foskett turnin' up at de bank to collect his large ones, he bin et by head-hunters.

When Maurice 'Weeny' Morris findin' out about this, he goin' down de boardroom above de premises of R. Collinson (Wet Fish) Ltd. an' start layin' out his fellow-directors wid a brick wrapped up in a sock. First thing anyone know, R. Collinson callin' a copper on account of plaster fallin' on his haddocks, an' de whole thing in de hands o' de court.

Dis causin' immeasurable confusion in Kampala, on account of if Weeny end up doin' porridge, Uglow gonna put a new man in Uganda wot got no idea of high finance and likely to start askin' about de new Rovers an' de gole beds an' why de Finance Seckertary livin' on a boat wid Miss Lake Victoria an' her two sisters etcetera. Most of all, he gonna start askin' questions concernin' de name M. Morris what croppin' up on de bottom o' cheques goin' through a nummer o' high-class accounts.

So natcherly we bin a bit tied up last week, wot wid de bonfires and de diggin' an' also havin' to chain up large nummers o' bank clerks, accountants, etcetera, in de Exchequer basement, not to mention attendin' one or two funerals wot comin' on unexpected.

All dis on top o' nationalisin' every other British firm in de place.

Main thing is, we relyin' on de wonderful people of England in de hour o' need, partickerly de wonderful Uglow shareholders, wot natcherly disturbed by de goings-on an' likely to do something daft if dey ain't careful, such as goin' round to Weeny's 35-bedroom Mayfair registered office or de twelve-thousand-acre company grouse-moor an' castle, an' nailin' him to de fence. Wot I appealin' is: don't do it, wonderful English shareholders beloved throughout de emergent continent! We all of us needs Maurice 'Weeny' Morris.

Which is why he de only thing standin' between you an' nationalisation. Because nobody understandin' Africa like him.

May 30

BUCK HOUSE BLUES

BEEN MAINTAININ' a low profile dis past month, world, on account of a lotta bricks an' stuff gittin' bunged through de windahs o' Amin Towers, an' most o' de residents been goin' aroun' on all fours to avoid gittin' de ole skull sheared off at de conk. Dat de main reason I ain't been sendin' de shimmerin' prose off to de famous *Punch* magazine, can't git down de Post Office fo' flyin' beer-bottles, not to mention de dead pig sittin' in de presidential Jeep. Been sellotaped to de steerin' wheel by de Uganda WVS, an' if you asks me, they gotta lot to learn about de proper channels o' political protest: if they want to put a curse on someone's bowel movements, de proper place is in a letter to de *Times.*

Anyway, what upsettin' de popperlace is de stories what fillin' de newspapers about Corporal Gowon an' his ole woman gittin' de red carpet treatment in London, whippin' aroun' in de Royce-Rollses, all de white buggers cheerin' an' chuckin' de bowlers in de air, ole Gowon stuffin' his face wid cucumber sandwiches while Queen Elizabeth stirrin' his tea and de King o' Edinburgh showin' Mrs Gowon de aspidistra beds and tellin' her de one about de one-legged Chinese jockey, also de management o' de renowned Harrods turnin' on de full treatment an' de Gowon family loadin' up de back o' de truck wid gole toothpicks etcetera. All dis rubbish gittin' on de Ugandan wick, an' causin' untole hardship, especially to anyone wot got four wives crawlin' about like crabs, shriekin' every time a car backfirin' an' consequently worn out by de time they gotta hit de sack.

Everybody wantin' to know why I ain't gittin' de ole RSVP statin' how de House o' Windsor awaitin' de honour o' de Amin fambly's presence at a jam tea, also fly-pasts, four stalls for *Pyjama Tops,* inspeckertin' de Household Cavalry, an' doan forget de boater on account of Henley. Gittin' sick o' sittin' by de letter-box, ain't nothin' comin' through it except de final demand from Barclaycard 'n' copies o' de *Reader's Digest Book O' De Road* plus free feeler-gauge, never asked fo' any of 'em, besides which de free feeler-gauge don't work, all it git you is a smack in de eye. Wot I want to know is, wot Gowon got dat I ain't? Skinny little rat, ain't enough of him to put in a egg-cup; Queen feel like doin' a foxtrot wid me at a Ceremonial

Ball, she gonna know who doin' de leadin', also a Ph.D. an' memmer o' de Uganda Advanced Motorists Association, also keepin' four wives goin' an' no complaints. Ole runt Gowon ain't got but one, an' she a head taller, every time she turn de light out, he start worryin' about who gonna run de country after he gone.

Thing is, and it wot de popperlace not understandin', is a man need a bit o' oil these days, if he want to get on. Ain't no use jus' havin' de ole social graces, knowin' which fork to pick de nose wid, all dat kinda thing; it a sad refleckertion on de state o' de worl' dat de only reason Gowon gittin' de free trips an' de signed snapshots o' de corgis is on account of he sittin' on de well-known black gold.

An' wot I sittin' on just ain't gold enough fo' some people.

June 27

DE WHITEHALL SNUB

IT HAPPENIN' AGAIN dis week, world. Gittin' another snub on top o' de infamous occasion o' de Gowon visit, dis time it de matter o' Sir Alec Douglas-Home's birfday party at Number Ten. You no doubt bin readin' where Edward Heath layin' on de top-class binge on account o' de Foreign Seckertery reachin' seventy an' still in one piece. Heath openin' up de back room, I unnerstand, also gittin' in de draught Worthington an' layin' on them sticks wid bits o' pineapple an' Cracker Barrel on 'em, not to mention har' boil eggs where they minces de yolks up wid onions prior to stuffin' 'em back in de whites, no expense spared. Also openin' a nummer o' tins wid anchovies in, altho' it beatin' me why people goin' for marinated worms.

Whole lotta nob guests turnin' up, also; lotta peers an' women where you look down de front of de little Paris number, you can see de knees. No doubt he gonna have de Andre Previn Banjo Band an' his wife Mia Sparrow, de well-known warden of All Souls, plus other famous stars o' de dipperlomatic circuit, all gonna be doin' de ole knees-up an' puttin' de Boofs Dry Gin away wid both hands until four in de mornin', Sir Anthony Barber bangin' on de wall an' shoutin' "Stop dat bleedin' row, some people tryin' to git a bit o' sleep!"

Only thing they ain't got is me. Bin sittin' by de door, jus' like last week, waitin' for one o' dem cards wid Winnie de Pooh on an' Piggerlet where you open it an' it say *We're havin' a party an' we'd like you to come please,* lotta pitchers o' balloons an' funny hats an' stuff an' all de animals clearly havin' a damn fine time. Nothin' comin', though.

I wun't mind, only I already bought de present. It a typical piece o' de native folk art wot bin made up special by de local craftsmen, a combined paperweight an' table-lamp, lookin' jolly good on de ole Whitehall desk. Also, it a singularly appropriate present fo' a Foreign Seckertary, on account of it bin made out o' my last one.

The truth is, Sir Alec too damn busy wid worl' affairs to git de guest-list right: pussonally, it gittin' on my wick where he sendin' Sir Dennis Greenhill plus two other top Foreign Office torpedoes down to Salisbury fo' de well-pubberlicised secret talks wid Ian Smith. It beatin' me where de FO prepared to go pissin' roun' de worl' on ten minutes notice every time Rhodesia feel like havin' a secret talk wid someone flash. Why de hell ain't no-one tryin' to woo *me* back? Why de hell ain't I havin' a bit o' de secret talkin' prior to de unfreezin' o' Uganda funds in London, includin' forty-eight-poun'-seven-an'-six I got comin' from de British Home Stores Chrissermas Club, plus interest? Why de hell ain't no-one lookin' fo' a honourable settlement wid *me?*

I prepared to be as honourable as de nex' man provided de settlement comin' in used notes, pref'bly oncers, an' anyone can come to my birfday party anytime they likes. I'd like a cowboy suit, if you wonderin'.

July 4

CANADIAN CAPERS

ALL THIS DAMN hoo-ha about de well-known Edward Heath not takin' part in de Ammiral's Cup Race on account of it de Commonwealth Prime Ministers' Conference de same week, wot a load o' ole cobblers it all are! He could do hisself a lot more good bein' sick over de back wall o' de notorious *Mornin' Cloud,* gittin' de sea air an' polishin' de pop'lar suntan, gonna come back lookin' like a mahogany egg, jus' de job fo' a early election.

Damn sight better than goin' off to Ottowa, gittin' his face trod on. After all, what are dis Commonwealth business but a empty farce, full o' low grade nig-nogs like de globe-trottin' Gowon an' Asiatic trash only goin' to Canada to see if de passport still workin', not to mention such white boils as Gough Whittlam, ain't got no respeck fo' de Royal Fambly, only turnin' up to announce where he goin' Republican an' give E. Heath Esq. a sharp one up de bum at de Dinner 'n' Ball. Especially as de whole thing bin laid on by P. Trudeau, de infamous sex-fiend an' gen'l raver, not to mention Frog, what he doin' layin' on de jam tea, can't even speak de Queen's English? Wot gonna happen when E. Heath turn up there wid all dem comedians, foreigners, republicans, coolies, all sayin' things like "Hum, takin' a few bob on Bondi Beach these days, things lookin' pretty damn' good, how Phil de Greek an' his ole woman doin', Ted?" or "We doin' all right in Wogistan-on-Sea these days on account o' de oil drillin', jus' got ten Russian T-788s capable o' knockin' out de entire British Air Force before breakfuss, ho-ho-ho!" or "Bonjour, Epicier Eaf, esker-voos avvy deux pee pour se frotter, ha-ha-ha!" An' wot ole Heath gonna reply? "Excuse de demob suit, things are pretty bad all over, price o' marmalade jus' gone up again, Channel Tunnel fell in larse night"?

He prob'ly only goin' on account of they comin' across wid de free nosh. Prob'ly takin' a doggy-bag, gonna bring a few scraps back for de starvin' Alec Douglas-Home, doan look as if he had a square meal inside him since Munich.

Pussonally, I ain't goin'. Ain't gonna sit down wid a lotta savages, answerin' a lotta loony questions concernin' de whereabouts o' de loyal opposition an' de judiciary, not havin' no Frogs pokin' their conks into Ugandan business, anyone want to find anythin' out about de Fatherland, let 'em send over a fack-findin' mission, we could do wid a few new lightweight suits etcetera. De spirit o' de Commonwealth dead as a doornail, far as I concerned, lotta rubbish gittin' treated as equals these days, not enough bowin' an' scrapin' goin' on to people wot got de Queen's Commission, fo' example, or nearly. If I went there, fust Asian wot forgettin' to come across wid de requisite Mister or Field-Marshal when introducin' hisself li'ble to end up defenestrated, if dat de word for someone wot carryin' his teef in his hat.

Anyway, I got dis big Ammiral's Cup darts match on dat week. Takin' on de entire Cabinet. Dat remind me, mus' git de blowpipe serviced.

July 11

WHERE IS YOU, ADOLF HITLER, NOW WE NEEDIN' YOU?

ALL RIGHT, we makin' a ricket on de Peace Corpse lot. Turn out dey ain't de advance guard o' de 17th/21st Nigerian Light Horse wid big eyes on de radio station an' de late Indian supermarkets, an' dey ain't Israelis, neither. So what? Don't mean they ain't subversives, comin' down here an' interferin' wid de smoothe runnin' o' de Dark Continent, an' it don't mean dey ain't Jews, neither, can't let a load o' Jews slip through de net jus' on account o' they got de American passport, you think de famous Adolf Hitler wot already bin pubberlickly admired by me woulda got to de top if he botherin' about readin' every bit o' paper wot landin' on his desk? Sit aroun' readin' six million passports, before you know it de oven gone out, de Second Front openin' an' you never gittin' around to de final solution. All de top SS men, you spendin' a fortune on de trainin' an' de flash uniforms etcetera, all standin' aroun' Auschwitz an' Dachau an' so on lookin' at de watches an' wonderin' why no-one turnin' up, ain't no way to run a progressive country.

Got no time for de Peace Corpse, anyhow. Load o' freakies only comin' over here on account of we growin' de good stuff, couple o' deep puffs on de well-known Kampala Gold, feel like your head got legs. Soon as dey finished, dey starts bombin' roun' de countryside tryin' to pull de good works, gittin' de people all confused wid de irrigation schemes an' de intensive dairyfarmin' an' followin' 'em roun' wid de tape recorders tryin' to grab fust rights on de folk songs, before you know it, everybody sittin' roun' on de groun' shoutin' crap like "We all brudders, yeah, yeah, we into de peace bag, man, everybody gittin' to love one anudder, dat de way it is, we ain't gonna be moved, black an' white together, wow, heavy, man, and so forth." Fat lotta use, who de hell want de peace stuff, gimme de Gaddafi technique, he comin' over here with de famous Kalachnikov 9mm machine gun in de brown carrier bag an' he showin' everyone how you blows a head off at five hunnerd yards, dat de sort o' foreign aid we lookin' for. Where Africa gonna be, everyone sittin' roun' on de bum an' lookin' at de artesian wells, all it git you is a load o' long grass. Ain't no use havin' long grass unless you gonna creep through it wid a view to puttin' in de bayonet. How else you gonna rule de worl'?

What I want to know is, wot Nixon done wid de half million soldiers he pullin' outa Vietnam, also guns, tanks, choppers, Phantoms, bombs, etcetera? All we gittin' is a lotta Harvard rubbish in de granny glasses wid de hair on de shoulders goin' round shovin' test tubes in our cows an' knockin' 'em up.

Ain't no way to build a empire.

July 18

PRINCESS ANNE AN' DE SECRET LOVE LIFE

IT BIN brung to my notice dat de well-known *Evening Standard* bin givin' prominence to de main question hangin' over de comin' Royal nuptials, i.e. is it true dat de Uganda Special Commemorative Issue stamp gonna have Idi Amin on it along wid de voluptuous P. Anne an' her obnoxious steady, Lieut. Mark Phillips?

Natcherly, Fleet Street gittin' it all cocked up again. De only thing bein' asked down de Kampala Post Office paintshop is: who we gonna have on de Uganda Special

Commemorative Issue stamp along wid Dr. Idi Amin, VC, Ammiral an' wit? If de worl' reckon we gonna put out a stamp showin' nothin' but some skinny white item in a soldier's hat grinnin' at his ole woman, it got another think comin' — de loyal subjecks git a squint at somethin' like that lookin' back at 'em off a envelope, fust thing they gonna reckon is there bin another coo an' de whole show bin took over by some teenage honky wid only one pip. What's for sure is dis Phillips person ain't figurin' on de stamp at all, whoever else gonna be on it: it bad enuff she turnin' me down, widout de final selection gittin' his head endorsed by de losin' party. Put all three of us on de same gummy oblong, de loyal subjecks gonna start asking one another why de Great White Princess F'om Across De Ocean preferrin' de Lieutenant to de Field Marshal, everyone gonna reckon I got de aflete's foot or de halitosis or de dreaded overdraft, it gonna mean a sharp one in de kidneys for de ole national pride.

'Course, it only readers o' de famous *Punch* magazine wot knowin' I put in a bid fo' de Princess eight months back, when she still dickerin' over Richard Meade an' de present incumbent. All de papers sayin' she unable to make up de mind, an' in consequence I runnin' a eye over de four Missus Amins wid a view to determinin' who gittin' de chop in favour of de Princess. Natcherly, dis whole thing a dipperlomatic move, all about cementin' relations wid de UK, ain't got nothin' to do wid de Royal loot she bringin' to de match, altho' pussonally I wouldn't spit on it, given dat de Humber needin' a decoke an' we got damp comin' through de mornin'-room ceiling. Also I reckonin' dat de Royal parents prob'ly figurin' to kick in wid a title fo' de lucky man, an' it lookin' pretty good on de Presidential notepaper where it sayin' *From De Office O' Viscount Kampala (formerly Ammiral o' de Fleet Gen'l Idi Amin, Ph.D., S.R.N., VC),* but all dat by de way.

So I puttin' in dis bid, statin' height, weight, inside leg etcetera, an' lettin' it be known I up fo' grabs. Waitin' a long time, finally gittin' a printed note sayin' de matter receiving attention, an' nex' thing I know, she announcin' dat she fixin' on dis subaltern wid de horse. It comin' as one helluva shock, specially as it ain't de fust time I gittin' beaten to de draw, wot wid Richard Burton an' Aristotle Onassis whippin' their letters in befo' I even realisin' dat de contest under way.

Anyway, it all water under de bridge now, an' I ain't harbourin' de grudge, so she prob'ly gittin' her face on de weddin' stamp somewhere. Provided, o' course, dat de whole thing ain't overtook by events, such as me gittin' married again fust, in which case de Special Commemerative job gonna come out wid jus' me an' de blushin' bride.

Nothin' fixed yet, o' course, but it look like bein' a toss up between Janie Jones an' Norma Levy.

July 25

GIVE US DE CHARISMA, WE GONNA FINISH DE JOB!

NO-ONE TURNIN' up yet.

Bin sittin' here by de windah since breakfuss, no-one comin' up de path.

Wot Gaddafi got dat I ain't? dis de question I askin'. Everybody know I admirin' Gaddafi, he runnin' a damn good country, especially fo' a bloke wot noticeably short on marbles, not to say roun' de twiss; Gaddafi say "March to Cairo!" an' all de famous Libyan layabouts put down de goats an' start leggin' it across de dunes. Git to Mersa Matruh, an' Sadat bungin' de 8.40 buffet car across de road, all de Libyans walkin' about sayin' "Wot we gonna do now?", nobody sayin' "Wot dis bugger Gaddafi gittin' us into here?" or pointin' out where it are a hunnerd an' ten in de shade, everybody jus' standin' on de spot, waitin' for de Benghazi runner. Man finally turn up wid de note sayin' where Gaddafi reckon it time fo' everyone to march back, an' wot happenin'? Everyone marchin' back. Git back home, find out Gaddafi handed in de resignation, no-one shoutin' "Damn good job, what say we go roun' de presidential tent an' step on his face, makin' us walk fifteen hunnerd miles in de burnin' sand?"

Everybody start wailin' an' pullin' out de hair instead. It turnin' out dey want Gaddafi back, an' nex' thing you know, he back, new uniform, all de pips winkin' in de sun, gone up a step in rank, got hisself a haircut an' manicure, back where he was only more so. Damn sight better . . .

Thought I saw someone comin' in de gate, but it only a dog havin' a wee on de magnolia. Where everyone gone?

Anyway, like I say, damn sight better than a gen'l election, savin' a lotta money, lotta fiddlin' about wid alternative candidates, all dis crap, all you do is hand in de cards in de mornin', hang about a bit while de wailin' an' beggin' goin' on, then you comes back aroun' two pee em, expressin' de gratitude fo' de vote o' confidence, an' you back in business wid de much-loved increased majority. It beatin' me . . .

Who dat?

Hum. It a man wid a bill fo' coke.

Where was I, oh, yeah, it beatin' me how Gaddafi pullin' it off. He ten years younger than me, don't even come up to de shoulder, ain't got a natcherl tooth in his head, not to mention bein' a Wog fo' starters, nex' worse thing to a Asian, an' here he are swingin' de multitudes on account o' de personal maggotism. It jus' showin' I done de right . . .

Dis definitely somebody. Definitely somebody wid a bit o' eminence. Got a bowler hat, an' carryin' a bit o' paper. De man a reader. Mus' be de petition, an' about time, too, it . . . . man say he authorised to take de sideboard away. Got it in writin'. Had to let off a couple wid de ole Webberley. Serve him right, it bein' de President's hour o' need an' everythin'.

Anyway, gittin' back to de subjeck, it jus' showin' I done de right thing, teamin' up wid Gaddafi, me an' him de big buddies, got Africa sewn up, no question. Dat why I bin goin' about dis mornin' tellin' everyone I resignin'. Gonna show de worl' everyone behind me. Pretty soon, everyone gonna come beatin' de door down an' tearin' de hair an' beggin' an' all that stuff. Got de gratitude speech all writ in de block caps fo' easy readin', specially wid de eyes full o' tears etcetera for de fillum cameras.

Hope dey bringin' de flash bulbs.

On account of it gittin' dark now.

Where everyone gone?

August 1

HOW GO DE EMPIRE?

DE COMMONWEALF CONFERENCE lookin' like *Hamlet* widout Othello. Natcherly, de worl' gittin' de wrong end o' de stick as usual, claimin' dat de famous requisition order fo' de Scotch Guards only a excuse so's I got a let-out on account of while I forkin' down de free chips in Ottowa, I runnin' wid sweat in case someone takin' over de throne. Fust of all, dat de last thing I worryin' about, on account of I carryin' de gole an' dollar reserves in de money-belt at all times, anyone takin' over gonna find nuffin' in de vault except a coupla piles o' TV dinners, an' de frozen cauliflower cheese not fetchin' too much against de Swiss franc on de international money market these days. An' it also standin' to reason dat if I afraid o' de possible coo, de one place I needin' de Scotch items is Uganda, walkin' up an' down outside de royal lean-to an' wavin' de cole steel about.

No, de worl' famous telegram to Elizabeth Two bein' in de nature of a genwine request, it all right fo' all de other so-called Heads o' State, no-one ever heard o' them, no-one know what J. Nyerere lookin' like, no-one grabbin' S.I. Korema on de street an' bummin' a lock o' hair, it all right fo' de rest o' de boys, damn lucky if some-one don't shove 'em down de back o' de bus. But I a pop'lar international showbiz personality wid de mighty followin', I seen what happenin' to Mick Beatle etcetera. pokin' his hand out de hotel windah to see if it rainin' an' befo' he know it, got fifty reporters hangin' on each finger. Also, havin' de four wives an' de flash uniform an' bein' on de *Frost Programme*, I constitutin' a sex idol, an' you know what happenin' to de famous Montague Burton, all he got to do is start thinkin' about a divorce, he gittin' mobbed by de shriekin' females every time he nip down de tobacconist. It pretty clear from de foregoin' dat if anyone needin' a platoon o' Scotch guards to keep de fans off de suitin', it Idi Amin, D. Litt., on account of they not only got de reputation fo' thumpin' people wot gittin' outa line, such as journalists and so forth, but de kilt just de job fo' keepin' de ravenous wimmen away; dey see me surrounded by a half doz Highlanders, fust thing dey gonna say is: "Hum, it pretty clear de gorgeous Idi only fancy birds wot standin' six-foot four an' goin' about wid de legs unshaved, not to mention de chin".

Concernin' de matter o' de private plane wot I requestin', can't see why everyone findin' it so ridiculous: now we chuckin' out de Brits an' de disgustin' over-educated Asiatics an' so forth, Uganda a bit low on de trained pilots an' navigators etcetera. My private pilot still git sick every time he climbin' in de Link trainer, an' as fo' de Presidential navigator, he havin' a job findin' de right page in de *Boy's Own Atlas,* let alone Ottowa.

'Course, de infuriatin' refusal to meet wid my reasonable request don't mean necessarily I ain't gonna turn up. Gotta whole load o' ideas up de sleeve, such as levitatin', havin' a word wid God, changin' into a gull fo' a week or two, or, bein' a master o' disguise, jus' comin' along as somebody else.

So if you watchin' de telly, an' you noticin' two blokes wid de suntan an' de big white smiles an' de shakin' shoulders an' de interestin' accent, don't git too surprised. An' if you only sees one of 'em, don't start jumpin' to no conclusions, even if he dodgin' out early on de grounds he goin' fo' de Ammiral's Cup.

Could be he just missin' de four wives.

August 8

BLACKIN' UP

DE INTERNATIONAL PRESS comin' down heavy on me over de boot-polish business. It typical o' de gen'l way I gittin' treated, every time I puttin' up a serious suggestion wot backed by a lifetime o' shrewd statesmanship an' de natcherl wisserdom, all de hacks fallin' off de chairs tryin' to twiss it roun' out o' context.

It puffeckly reasonable to expeck de famous Asian brudders an' sisters to stop blackin' up. It gittin' damn ridiculous, every time I turnin' de back, more an' more o' de well-known Indo-Pak set got de faces stuck in de Cherry Blossom tins, comin' up lookin' like Eddie Cantor. It typical o' de frivolous attitude shown by de Asiatics: wot dey think I runnin', a George Mitchell Benefit Match? Wot kind o' international respeck people gonna have fo' Uganda wid all dese bogus coons runnin' about de place? Nex' thing you know, everyone gonna be sittin' aroun' pluckin' de banjos an' tellin' de lewd Uncle Remus stories an' mumblin' "Yassum" an' "Hush mah mouf" an' all dat black-trash crap, an' tuggin' de forelock, wot accordin' to de top medical opinion make you go blind, plus barmy. An' wot de international visitors gonna think, all de Zurich gnomes an' Russian experts an' everybody wot flyin' in any day now to put de country on its feet wid de pop'lar sacks o' de foldin' stuff, wot dey gonna think when dey git off de plane an' look aroun' an' see all these coal-black buggers in de striped blazers an' de straw boaters soft-shoe shufflin' about de place, tryin' to pass, an' fillin' de native Ugandan air wid de pop'lar selections from *Show Boat* etcetera.

Also, it underminin' de pubberlic confidence. Wid de economic situation lookin' a bit bum right now, it helpin' people no end havin' mah Asian brudders an' sisters to kick up de backside when de goin' gittin' rough. At de notorious times o' stress, people got to have a underdog to lean on; it de secret o' de Adolf Hitler miracle, a name wot I proud to mention once again — people got de short memories, we gotta keep remindin' 'em o' de lessons o' Nazism, de famous philosophy wot givin' de worl' such boons as ersatz petrol an' de Volkswagen. Trouble is, we ain't got no underdogs no more; you go down de Asian areas dese days wid de big stick hopin' fo' a bit o' de morale-boostin', all you find is wot look like de Hamley's gollywog department, lotta eyes rollin' an' everyone callin' one another Rastus an' sim'lar. Bin a nummer o' unpleasant incidents lately, such as citizens gittin' beat into hamburger by de proud memmers o' de Uganda Constabulary who suspeckin' 'em o' tryin' it on, an' when you git 'em down de charge-room, it turnin' out you can't wipe de face off of 'em, it de genwine article.

Ain't safe on de streets fo' a black man, dese days. Dat de whole trouble wid democracy: you go roun' callin' people your brudders an' sisters, out o' de goodness o' de heart, you tell 'em everyone created equal, an' pretty soon they gittin' to thinkin' they as good as de nex' man.

August 22

ME AN' TOLSTOY

WOT A GREAT boon de telegram are! Ever since Thomas
Alva Telegram inventin' it on account o' Buffalo Bill gittin'
sick o' de arrows hittin' his hat, not to mention de dogs
bitin' his bum every time he openin' de gate, de telegram
remainin' de one infallible means o' gettin' stuff down on
paper widout havin' to remember all dat rubbish like i
before e except after c an' where you puttin' de capital
letters, also no problems such as smudgin' wot you already
written wid your sleeve, an' sim'lar. Nothin' buggerin' up

a important international dipperlomatic communication like a big blot in de middle.

It always a source o' de constant joy to me where I seein' my famous telegrams in print, an' all de letters comin' out right an' all de same size. Dat one o' de main reasons I bangin' out so many: as de readers o' de famous *Punch* know, I somethin' of a author monkey, which are a French expression explainin' how if I wasn't Ammiral o' de Fleet, Emperor o' Uganda, Chairman o' de Fust National Bank etcetera, I could have bin in de well-known uniform edition by now, wid de hand-tooled bindin' and de gole letterin', could have bin another Ian Flem, writin' de tomes in de mornin' an' inventin' de penicillin in de afternoon. Take de mos' recent masterpiece, wot I writin' to E. Heath on de occasion o' dis Ugandan bint gittin' de ole heave-ho out o' Britain; I quote: "If your Government cannot allow her entry into Britain, then she is welcome back to Uganda where she will be free either to marry her previous fiancé or choose a new partner and if she does not wish to marry at all, my Government will help your Government to take care of her until such time as you are ready to accept her into Britain."

Wow! It got everythin', on top o' de flash spellin' an' de smart punctwation (anyone swearin' it de work o' W. Shakespeare on de strength o' de commas alone); it got action, it got political intrigue, it got travel, it got romantic interest, it got de clash o' powerful pussonalities, it got me—an' all in sixty-five words. Damn sight more efficient than de notorious Tolstoy, if he'd have stuck to de telegram form, he coulda got five hunnerd books out o' *War 'n' Peace* alone, coulda bin a househole word like me, never even had time to git to be Ammiral o' anywhere, it ain't surprisin' he goin' potty at de end.

And I ain't even had time to draw attenshun to one o'

de mos' remarkable points o' style, wot occurrin' mainly in Chapter One where I accusin' de infamous Heath o' racialism—"extreme racialism" is how I puttin' it, wid de invallable help o' de *Big Boys Book O' Adjectives*—when he kickin' dis Asian item out o' Britain. Wid typical economy o' style, partly brung on by de fact dat fiction costin' tuppence a word after de fust ten, I drawin' no attention to de original sitwation where de Paki heroine gittin' slung out o' Uganda on racial grounds. Also where she leggin' it quick, due to de fact dat we puttin' de arm on her parents in de gen'l round-up o' my Asian brudders an' sisters, wot nobody hearin' of since.

It a well-known lit'ry trick among us creative pussons. It known as irony, in de trade.

August 29

HEDGIN' DE BETS

SORRY about de lack o' communications over de past fortnight, world, only I bin up Algiers wid de Non-Aligned Nations Conference an' couldn't get to a nib, wot wid de free nosh etcetera, every time you look roun' someone bungin' a sheep's eye in front o' you, also de booze flowin' like water an' we spendin' a lotta time pokin' in de gutters fo' delegates, helpin' one anudder to de loo, teachin' de Cuban mob de words o' *Nellie Dean* an' so forth, an' I ain't had a moment to put de deep thoughts together.

It a damn good conference, all in all. Dis Non-Aligned lot is where you want to hang de hat, if you gits de chance; ain't like de Commonwealf bunch, everybody in de grey pinstripe an' drinkin' de slimline tonic an' spendin' all day discussin' a lotta crap about de tariffs etcetera. Us Non-Aligneds knows how to let de hair down, swimmin' in de Med, knockin' back de Boofs, chattin' up de local talent, an' so forth, befo' gittin' down to de serious business, such as who we gonna screw nex' for de tasty seven-figure sums? Dat de whole point o' bein' Non-Aligned; it mean you up fo' de well-known grabs, it indicate you ready to start Alignin' soon as someone puttin' up de requisite foldin' stuff, it show you a political sophisserticate wot bin aroun' a bit an' know how de world workin'. Dat de reason I keepin' on de Israeli paratroop wings, wot I notice bin receivin' a lotta attention in de world press, also in Madame Fatima's Fun Palace An' Grill, where I havin' to punch one or two other clients in de mouf on account of dey takin' me fo' de Chief Rabbi. De whole queue quietenin' down, however, soon as I showin' 'em de Victoria Cross, de attrackertive American cellular underwear wid de lurex CND motif, de Russian boots, de French Foreign Legion kepi, an' de 9mm German Luger wot I keepin' by me at all times fo' medicinal purposes. Everybody soon gittin' de idea dat I a truly committed Non-Aligned, specially when I settlin' de bill in Zloty travellers cheques an' leavin' a handsome yen tip.

O' course, bein' Non-Aligned also got one or two problems when it come to doin' de conferrin' an' justifyin' de liberal expenses, an' dis de main reason why we spendin' a lotta time away f'om de conference table. Soon as someone say: "Wot about China then?", all de distingerwished colleagues goin' "Hum" an' "Dat a damn good question, possibly" an' "I passin' dis roun'" an'

"Mus' be tea-time any minute now" an' sim'lar, on account of no-one wot genwinely Non-Aligned fancy committin' hisself on de controversial subberjecks. Say de wrong thing about Red China an' you git home to find de US Phantoms bin crated up an' shipped out again, or de bank manager had a unexpected run on de rouble an' shot hisself, or de Mongolian technicians all pulled out on de last bus an' lef' you wid half a bridge hangin' over de river an' a railway line wot stoppin' in de middle o' de Presidential palace swimmin'-pool, dat de kind o' thing wot gittin' Non-Alignment a bad name. De whole trick o' Non-Alignment bin summed up in de immortal words o' Bre'r Rabbit: "Jus lie low an' say nuffin'."

Dat Uncle Remus coulda bin a big political force, if only he could of learnt how to git de spellin' right.

September 19

DE FINAL SOLUTION

DE WHOLE WORL' sayin': he bin forty days in de wilderness,
dis boun' to be one helluva comeback! Where he bin?
What he bin up to? When he fixin' to start spellin' him wid
a capital Haitch?

De truth is, my circulation-shatterin' absence f'om dese
esteemed pages ain't got nothin' to do wid bein' in de
wilderness, altho' it ain't fo' want o' tryin', seein' dat de
wilderness concerned is currently full o' my dear Arab
brudders an' de mad blood-lustin' Zionists who by failin'

to fall back on all fronts has committed a crime o' such maggernitude an' aggression, it leavin' de well-known Jock de Ripper at de post. You all knows by now how I bin tryin' to git up to de front, whippin' roun' de Arab capitals in de Imperial biplane an' offerin' to lead a army in de field; got no takers, tho', no doubt on account o' de lovely Arab brudders figurin' it givin' 'em a unfair advantage, signin' up a bloke capable o' takin' Tel Aviv single-handed, dey preferrin' to rely on dis Sam Missile character who obviously reckonin' he de rat's pyjamas. Pussonally, in case he got any big ideas about steppin' in an' usurpin' de place I holdin' in all wog hearts, I sayin' heah an' now, Sam, any time you wantin' to meet me back o' de Kampala gym, you say de word!

Anyhow, dat all past hist'ry, an' now de homicidal International Conspiracy got across de Golan Canal an' ev'rywhere, I withdrawin' de offer, on account of I ain't got time now to shove 'em all de way back again. I got new headaches at home, also comperlicated by de fac' I havin' to appeah on de famous BBC-2 peak-spot ev'ry Saturday night in libbin' colour, millions o' loyal fans turnin' de knob at 8 pee em, an' it damn tricky whippin' back an' forth to de hub o' de Ugandan Empire widout even time fo' a quick gin in de Wood Lane International Celebrity's Mess. Because, as you no doubt bin readin' in de quality papers, de infamous Britain an' de treacherous United States gone into partnership wid a view to invadin' Uganda and bungin' me in chokey. You also noticin', o' course, dat de pinstripe nits at de Foreign Office issuin' a statement wot describin' my allegations as "utter piffle", an' dis jus' goin' to show de mentality o' de Douglas Alec-Home crowd wid de jargon rooted in de period o' de barmy P.G. Woodlouse. Well, it comin' as no surprise to me, de Alec-Homes bin Jews since I don't know when, an' it typical o' de rabbinical mind an' de infamous eye-fo'-a-tooth attitude dat de reaction to my spontaneous offer to de Arab brudders is to put de paratroops in Kampala an' start kickin' de loyal subjecks about. Also, you got to take de jealousy into account, an' de fac' dat de disgustin' Lew Grade gnashin' de choppers ev'ry time I appearin' on BBC-2 an' kickin' hisself fo' not signin' me up wid ATV. Dat de International Conspiracy fo' you, Lew Grade an' Douglas Alec-Home thick as thieves, a couple o' Jewish sirs wot gettin' de coveted gong fo' de services to Marks & Spencer. It de way it always bin, wot you think de S standin' fo' in Sir Winston S. Churchill?

Anyhow, I ready fo' 'em any time dey fancy droppin' in, an' all I can say is, de Brits can count it damn lucky dey ain't sharin' no common frontier wid Uganda, else me an' de loyal Uganda Army would be in Potters Bar by Christmas. Me an my brudder Sadat knowin' all there is to know about pre-emptive peace initiatives.

October 31

DE COLLECKERTED WORKS O' IDI AMIN

WELL, DIS COUNTIN' as de emergence o' de fully-fledged feature writer, an' no mistake! Dis gonna be de spectacle o' de ol' creative talent in full flight! It markin' de passage f'om informed witty political commentator to king o' words! Dis gonna show de Graham Browns an' de Norman Molars o' dis worl' where dey gittin' off, de hacks gonna have to shape up if dey wants to stay in de runnin' fo' de Nobel gong, you better believe it.

I bin asked to do de pussonal piece on de subberjeck: Indoor Sports. Could be dis bit gonna wine up in Cinnamonscope wid de Technicolor sound an' Steve de Queen in de leadin' role! Boy, it good to git away f'om de informed political analyses fo' once an' out dere wid de adjectives an' de simians an' de subberjunctive cases an' all dat flash stuff. Well, here goes. All About Indoor Sports by I. Amin, Fellow o' de Uganda Society o' Literature, also windows cleaned.

CHAPTER ONE

De bes' indoor sport I know is goin' down de cells an sockin' de innermates in de mouf. It got action, it got human drama, it got topical appeal, an' in de case o' female innermates, it got sex. I was layin' about me one day wid de leadlined sock, when dis beautiful bird wid de long eyelashes suddenly materialisin' out o' de shadows.

CHAPTER TWO

Wid one boun', I was at her side. Mah hot bref brushin' de ears. She lookin' up at me an sayin' You a damn handsome bugger fo' a politician, cheeky, wot say we go back o' de courthouse fo' a bit of a gobble? I lookin' down at her wid de meltin' look, but I a man wot standin' at de cross-roads o' destiny. No, I tellin' her, fust I got to make a mark in de worl', also collect de stuff f'om de dry cleaners on account of it early closin' day.

CHAPTER THREE

I walkin' down High Road, Spain, an' a man comin' up to me an' sayin' Hum, you mus' be dis Ernest Hemmaroid we hearin' so much about, you gonna write about fightin' de bulls an' win de Nobel Belt? Point me at de bull, I tellin' him, you got de wrong international lit'ry figger, but you come to de right man. Anyway, soon as de bell go, de bull come out o' de blue corner an' start swingin'. I hit it wid a coupla lef' jabs, an' when I puttin' in de right cross, de bull goin' down like a Opposition spokesman. De crowd goin' wild, an' I gittin' de ears, tail, de liver, an' two pounds o' topside.

CHAPTER FOUR
Dis where I chuckin' de electric fire in de barf an' Goldfinger gittin' fused to de National Grid, only I havin' a bit o' trouble wid de dialogue.

CHAPTER FIVE
Look here, Anna Karenina, I givin' it to you straight f'om de shoulder, it cold enough out here to freeze de wotsits off a brass potto, I ain't used to dis Stalingrad climate, wot about openin' de door an' lettin' me in fo' de ol' Ovaltine? Ho, she cry, pull dis one, it got de bells on, you big dusky sod, do not trifle wid a woman's heart, or nuffin else, if you don't want de Palace guard to come aroun' an' chop yo' fingers off at de knuckle!

CHAPTER SIX
It lookin' like I gittin' off de subberjeck o' Indoor Sports. Ain't no way back, far as I can see. It a damn sight harder dan it lookin', turnin' out de matchless prose, no wonder everyone makin' all de fuss about Ingrid Blyton. You don't come up wid Noddy overnight, dat's fo' sure.

November 7

IN WHICH PRINCESS ANNE MISSIN' DE BOAT

DEAR YOUR ROYAL HIGHNESS an' him: it a source o' great
pussonal mis'ry where I ain't gonna be able to make de
nuptials, but havin' a full diary is one o' de bugbears o'
bein' a nob, as Your Royal Highness knowin' damn well,
an' him gonna find out pretty soon, now he got de feet
under de table. Bin leafin' through de Boots Desk item
fo' 1973, an' it turnin' out I got a lunch on November 14
wid de Ngumbi Rotarians, also de plummer comin' in

aroun' four pee em on account o' de cracked pan, not to mention it de Ludo night down de Kampala Sportin' Club; so it absolutely clear to de entire worl' where I findin' it impossible to fit in de Abbey business, irrespeckertive o' de fac' dat de invite gittin' mysteriously lost in transit, an' if I find de Uganda PO employee responsible, he gonna wind up wid his clef' stick stuck in de middle o' Amin Park an' his head wobblin' on top o' same.

Here de point to say to de happy couple: many thanks fo' de warm invitation, even tho' I ain't got it, maybe it comin' in de nex' post, in which case it could be I turnin' up fo' de coffee an' plus fours, but I ain't promisin' nothin', dis Ludo final bein' de high point o' de social season, also a needle match, to boot.

Lotta people goin' roun' sayin': Hope dey ain't no hard feelin's between you an' de Princess due to you bein' turned down in favour o' dis Mark Fillet pusson, wot only gittin' to be a captain on account o' poppin' de question while all de senior officers over in Ulster; way I hear it, de Queen strollin' past de nursery one evenin' when Fillet down on de one knee, an' she pokin' de crown roun' de door an' yellin' "You better snap dis one up, girl, all de brigadiers etcetera gone to Belfast, can't tell when they comin' back an' you not gittin' any younger, tell you what I'll do, I'll bang him up to captain, dat de final offer, can't say fairer than that, an' I wouldn't go that far, 'cept we got de Gloucesters comin' down fo' Christmas, an' I need de room." Well, I takin' de point, an' I got no grouse about gittin' passed over fo' dis one-pip character, matter o' fac' I withdrawin' de original proposal wot I makin' in dese pages, after de Princess not gittin' picked fo' de Olympics. Only askin' her on account of maybe de Uganda flag gittin' up de Munich pole, anyone say different gonna find hisself down de taxidermist.

O' course, Your Royal Highness, dat ain't to say I out o' de runnin' permanent; we gittin' a lot o' top-class fillums down de Kampala Roxy, an' it seemin' to me dat in ninety per cent o' cases, it de bloke wot walkin' away f'om de church wid de trenchcoat collar turned up an' de tear in de eye wot finally endin' up wid de crumpet in question. It only a matter o' time befo' she twiggin' dat de bridegroom hittin' de sauce, grabbin' de o pair, an' only marryin' her fo' de loot, an' pretty soon she leggin' it in de general direction o' de trenchcoat wid a view to pourin' out de bosom an' gittin' enfolded in de strong arms an' so forth. Jus' so's you know dat de fust time ol' Fillet ring up to say he gonna be late back f'om de stables on account o' de chessnut filly goin' down wid de croup, I gonna be here wid de strong arms at de ready.

Dam' good job I turnin' down de invite, on second thoughts, fo' de other reason wot only just occurrin' to me, i.e. suppose I sittin' there in de front row wid all de medals an' de new teef an' de strong manly fingers claspin' de hymn-book, an' Your Royal Highness beltin' down de aisle an' makin' fo' de alter when she catch sight o' de Amin profile wid de warm grin on it, wot happenin' then? Could be a uggerly scene where you leapin' off of de red carpet an' hurlin' yourself at me, overcome wid de passion etcetera. Jus' as well I stickin' to de Ludo.

Wot de hell happenin' to de bloody pos'man?

November 14

80

RED SALES IN DE SUNSET

HO, WELL, dis international dipperlomacy sho' payin' off! All de runnin' about an' visitin' de wog brothers durin' de recent Middle East business at my own pussonal expense finally comin' home to roast. Anyone readin' de famous *Times* where it sayin' how I takin' delivery o' de Russian weapons an' wonderin' how it gittin' swung don't know nuthin' about de dipperlomatic game.

Gittin' off of de Presidential biplane last week, and wot I findin' but all de top-class stuff lyin' in de front garden—

tanks, pussonnel carriers, fiel' guns, automatic weapons, long poles wid nails in de end, ain't seen nuffin' like it since sendin' up fo' de *Boys Own Paper* Giant Packet o' One Hunnerd Top Worl' Stamps fo' A Mere Shillin'. Only difference is, nobody askin' fo' de shillin' this time, it all free, grated an' fo' nuffin'. Lot o' de stuff still in de workin' order, also consid'able antique value, specially a armoured car wot gittin' de lef'-hand track shot off at Stalingrad, accordin' to de label. Uganda now got a fully equipped tank regiment, dam' sight better than de present 17th/21st Rudge Tricycle Brigade wid de plywood turrets, all we got to do now is teach de drivers how to pedal de metal jobs. Luckily, two doz. assorted gents in de astrakhan collars an' snowshoes turnin' up wid de consignment—jus' makin' sure de present arrivin' in one piece—and they immediately tellin' me where they prepared to work fo' *nuffin'*! Wot you gonna do? I askin' 'em, an' they replyin' about how they gonna teach de troops how to fire de guns, count de nummer o' shells, tie up de noo boots, etcetera. Wow! Dat wot I callin' generosity! Natcherly, when de top advisor sayin', in de nicest possible way, how would it be if a few more o' de technical experts and so forth comin' over on de nex' plane, I replyin' dat it all right wid me. No-one have to teach Idi Amin de manners. People give you a lotta guns, free advice, and so forth, leas' you can do is let a few o' de mates come roun' fo' de quick snifter.

Anyway, a couple o' hunnerd comin' in on de follerin' day, an' some of 'em actually prepared to help out wid de adderministration. 'Course, I givin' 'em a office in Gumment House; alos a carpet an' hatstand Grade 1, soon as I hearin' about de sack o' roubles wot bin deposited in a nummered account in de famous Switzerland on account of it bein' my birfday, apparently, accordin' to de Russian calendar.

Nicest people I ever met. It beatin' me why dey gittin'

such a lousy press, mus' be on account o' dese capitalist lackeys wot dey tellin' me about who turnin' out to run de noospapers, an' it sho' fittin' in wid my own experience, you wouldn't credit some o' de things de Fleet Street hacks bin writin' about me, especially considerin' I a professional colleague an' everythin'. Anyhow, it gonna be damn different up de *Kampala Bugle* f'om now on, we gonna be tellin' de worl' about de lovely Russian buddies; I even takin' on a Russian journalist colleague to do de writin'; damn lucky to git an expert to do de job, not to mention where he flew hisself in *at his own pussonal expense,* also prepared to do de job fo' free! We all brudders, he tellin' me.

De top advisor turnin' out to be jus' as generous. He tellin' me in de strictest pussonal confidence, man to man is de way he puttin' it, dat all dese Chinese buggers across de border in Tanzania has got to have a eye kept on 'em. You damn right, comrad, I tellin' him (everyone a comrad now, it damn frien'ly!), ol' Pigface Nyerere gonna git de head screwed to a tree one o' dese days, him an' his Chink cronies, we already had a coupla shies at de wicket wid de Fust Uganda Commando. Ho, say de top advisor, wot you need is de crack troops, my Gumment prepared to station a regiment on de premises, how about dat?

Wow! Wot could I say? It lookin' like there no end to dese people's kindness an' generosity!

November 21

DE CHRISSERMUSS BROADCAST

DIS DE POINT where we steppin' into de worl'-wide role good an' proper, on account of dis bein' de tex' o' de pop'lar Xmas Broadcast, goin' out f'om de famous Radio Uganda station in de trendy downtown Kampala to ev'ry corner o' de worl', always provided we gittin' de plugs in proper an' not leavin' no bare wires hangin' out o' de skirtin' in Studio B, which is wot happenin' durin' de birfday broadcast an' it blowin' all de valves out o' de transmitter, had to wait six weeks fo' a new one f'om Hamley's, also all dè wattles comin' off of de roof.

De broadcast goin' out at three o'clock pee em on Xmas day, an' de whole popperlation o' Uganda gonna be lissenin' in wid de love an' loyalty an' devotion, on account of we got de detector jeeps out an' anyone still guzzlin' de mince pies at 3.01 gonna find hisself havin' de brandy balls stepped on, not to mention bein' arrested by de ear an' taken down to HQ fo' a touch o' de seasonal goodwill, such as bein' worked over wid a lead-filled turkey. Now, here de scrip', hot f'om de miraculous four-colour Biro:

Hallo worl' an' all de loyal subberjecks, especially all those on de Wolf Rock Lighthouse an' sim'lar, dis here are President Idi Amin speakin' f'om de cêntre o' de known universe an' hittin' you wid de Peace On Earf bit, which is jus' us DJs' way o' sayin' dat de time come roun' again fo' gittin' de matchin' socks an' hankies an' turnin' our thoughts to de loved ones wot sendin' dis sort o' junk, can't even be bothered gittin' de size right; jus' as a example, an' showin' dat even de top heads o' state human bein's like anyone else, de fust present I got dis year comin' f'om de Finance Minister an' it takin' de form o' de barf salts, an' wot I'd like to say is, it interestin' to learn he doan like de way I smellin' an' he got to de end o' de broadcast to clear out de desk an' git hisself down de car-park where he takin' up de noo duties, an' damn lucky it Yuletide, else he gittin' de head shrunk on top of it.

Turnin' now to de international scene, wot de hell happenin' to de Queen's Xmas card? I sendin' her de pussonal home-made job, wot I doin' wid de little bits o' sticky coloured paper, an' a damn fiddlin' job, too. If I ain't gittin' de recipperocation by de nex' post, de dipperlo-matic representative o' HM Gumment gonna find hisself on de inside lookin' out.

Dis natcherly bringin' me to everyone spendin' Xmas in clink: it de time when we got to think o' those less fortunate than ourselves, so all you in chokey start thinkin' about de ones wot buried in quicklime in de prison yard, still plenty o' room out there fo' de slackers, an' I gittin' de word where a lotta shoddy mailbags bin appearin' lately, an' dis de last time I mentionin' it.

De way I seein' it, Xmas is a time fo' de fambly, an' I lookin' upon de whole worl' as a fambly, i.e. anyone steppin' out o' line gittin' de head smacked, especially if Julius Nyerere lissenin', altho' I ain't namin' no names, also any o' de Asian brudders wot givin' me lip, all ex-colonial rubbish wot still hangin' about de place, any memmers o' de Ugandan judiciary wot still on de lam, an' any subberjecks goin' roun' mumblin' under their bref.

Wow, lisseners, I jus' catchin' sight o' de studio sundial, an' it 3.10 already, so I signin' off now an' gittin' back to de puddin'. I mean, I'm fo' de peace an' de goodwill stuff as much as de nex' man, but enuff is enuff!

December 5

DE ITALIAN JOB

FLUSHED WID DE SUCCESS o' de fust novel an' de Chrissermuss broadcast, I now branchin' out into de big worl' o' motor correspondin', such as de famous Robert Glenton an' sim'lar. Dis on account o' me takin' delivery o' de 130-mph Citroen-Maserati wot you all no doubt bin readin' about in de Brit papers, also where it sayin' de Gumment forkin' out £6,700 fo' de Presidential transport, an' wot about all de Ugandan people walkin' about wid no food to eat?

Well, to git de political rubbish out o' de way wid one bound, it damn good fo' de popperlation to see dat de sacrifices ain't in vain, dis de fust time a Maserati appearin' in Uganda, never got dat under de disgustin' Obote, Kampala lookin' like de Park Avenue an' de downtown Rome dese days, people takin' notice o' de sudden rise in de standard o' livin', nex' thing is gittin' de gole fittin's fo de barfroom, got 'em on order, pretty soon ain't gonna be no difference between Uganda an' de glitt'rin' Mayfair.

Part Two, Rear-Ammiral Professor Idi Amin VC testin' de noo Maserati:

Which of us, now de days drawin' in an' David Frost tracin' de patterns on de window-panes, also de robins wid de red tits hollerin' on de branches, which of us doan fancy hoppin' into de big flash wagon an' beltin' about de landscape at a hunnerd miles an hour, all de workin'-class bums etcetera jumpin' out de way as we comin' roun' de corner on de trendy Pirelli radiums? I jus' takin' over de noo Maserati, an' ain't got nothin' but de praise, it goin' like a cheetah wid a pin in de bum, also makin' a damn good noise now I got de holes punched in de exhaust pipe, de loyal subberjecks reckon James Stewart goin' down Kampala High Street fo' a bit o' shoppin'. Also, it got de big bumpers, de cyclists goin' up in de air like they ridden over a lan'-mine, it workin' wonders fo' de self-esteem when de streets clearin' like magic soon as you switchin' on de ignition. Also, de handlin' damn good, such as las' week when I takin' de wrong turnin' an' drivin' through de Kampala Woolworth's, doin' a sharp right at de tobacco counter, an' comin' back up through de middle o' gents toiletries, an' no damage to speak of, exceptin' a arm stuck in de windscreen wipers an' a lot o' blood gittin' spread all over de handpainted coachwork.

Now, how about de comfort an' de han'-tooled leather stuff? Well, it got de one drawback here, on account o' when you all tarted up fo' de posh ceremonies such as de pubberlick hangin's an' you got on de double-breasted Moss Bros wid de medals an' de .45 Webberley, you sweatin' in all dat clobber like a sockful o' cream cheese at de drippin' stage, wid de result dat de backside stickin' to de leather an' when you gittin' out at de destination an' everyone standin' aroun' in de respeckful silence, it sound like someone rippin' up a ole sheet. Worse, occasionally I notin' people givin' one another de smirky eye as if to say, Hum, de Pres bin hittin' de bake beans agin! Pussonally, I reckon de cloff uphollerstry a damn sight more dignified.

Still, you can't have everythin'. Dat's wot I tellin' de loyal subberjecks all de time, an' it jus' goin' to show.

December 12

YEAR O' DECISION, YEAR O' DESTINY, ALSO MAKIN' A FEW BOB ON DE SIDE

WELL, it de end o' de year, dis de last nummer o' de famous *Punch* fo' 1973, an' de ole man wid de sieve comin' on an' layin' about him, also de noo baby waitin' in de wings, it a time when everyone gittin' sentimental, includin' me, only dis mornin' I bin down to de cells an' loosenin' de thumbscrews on de ex-Home Seckertary a notch or two. He lookin' up at me wid de gratitude, an' gittin' a kick in de bonce fo' ole lang swine, dis bein' a period when everyone doin' de remmemerin' etcetera.

Wot kind o' year it bin? Well, lookin' back through de official Gumment transcripts, tapes, graffiti in de Cabinet khazi an' so forth, I findin' some astonishin' gaps, an' it not surprisin' where R.M. Nixon findin' hisself in sim'lar circumstances, people failin' to realise how de system breakin' down at moments o' stress, ain't nobody's fault; take de gap durin' March, fo' instance, where de tape-recorder breakin' down durin' de top-level discussions wid de ex-Minister o' Finance over appropriatin' de requisite loot fo' renovations to de Presidential go-kart track: jus' goin' to show dat de famous Jap workmanship not all it cracked up to be, can't even belt a ex-Minister o' Finance over de cranium wid dis Sony item widout de spools flyin' out.

Still, it possible to see, even wid de omissions, where Uganda suddenly comin' to de fore as a major worl' power in 1973. In January, we was still cratin' up de Asian brudders an' sisters an' floggin' de used cars, an' yours truly was havin' to go up in de flyin' saucepans to Pluto an' sim'lar in order to git de requisite international standin'. By de end o' de year, I was whippin' aroun' in de noo Maserati an' de troops was manoeuvrin' de Russian tanks (or at leas', studying how to open de doors), an' not puttin' too fine a point on it, me an' Uganda now holdin' de balance o' power in de civilised worl'.

I turnin' out to be a kind o' international Jiminy Thorpe.

Also bin a great year fo' de *Punch* magazine, wid a unprecedented boom in de profits on account o' everyone rushin' down de papershop fo' de noo Idi Amin Column ev'ry Wensday an' de readin' pubberlick overjoyed dat de magazine gittin' a bit o' de serious political comment in at last. Dis explainin' why de *Noo Statesman* circulation droppin' like a pig wid de colic, an' de *Spectator* an' de *Lissener* sheddin' editors like scurf; *Punch* now de only serious weekly worth de name, an' de way I hearin' it, even de staff o' de famous *Times* shufflin' about an' sayin' "Where de gas oven?"

Lookin' at de back nummers, I see where I bin standin' aloof a bit dis year: Commonwealf Conference, de Douglas Alec-Home birfday binge, de Ammiral's Cup Race, de Royal Weddin', de Henry Regatta, all takin' place widout me, but everyone noticin' de conspicuous abbersence, jus' goin' to show where de diggnified silence gittin' you. If de mountain not comin' to Mahomet, pretty soon people gonna start mutterin' "What de hell happenin' to dat bloody mountain? What it gittin' up to?" an' nex' thing they know, BAM! they got ten zillion tons o' granite fallin' on top of 'em.

So all in all, it bin a damn good year. In de words o' de famous Rev. Martin Luther King, "We on de move, now!", de main difference between him an' me bein', o' course, where he goin' roun' carryin' a bible an' sportin' de dog collar an' me goin' roun' carryin' de pop'lar sawn-off Sten an' sportin' de tin vest; a fac' wot goin' a long way towards explainin' why de Rev. King kickin' up de daisies an' Fiel' Marshal o' de Fleet Idi Amin still ridin' high on de hog an' leadin' de coon peoples on to de real promised land where de Maseratis zoomin' aroun' all day an' any Asian brudders or white sisters wot steppin' out o' line findin' a T-34 comin' up de front path wid de one-o-five millimetre lobbin' ordnance into de bes' sittin'-room wid de notorious pinpoint accuracy, soon as de Royal Uganda Tank Regiment findin' out wot dis millimetre item is.

Wid which oppertimistic note, I signin' off an' wishin'

a Happy Xmas to all de readers. Mus' rush an' stuff de holly now, can't have de ex-Home Seckertary missin' out on de Chrissermuss dinner. Us great leaders always got time fo' de little considerations!

December 19

ALAN COREN

DIS ALAN COREN bin pussonally selected by me as aman-
wensis, on account o' de hot record: he 35 years old,
gittin' de education at Oxford, Yale an' Berkeley, he de
Deputy Editor o' de worl'-famous *Punch,* also doin' de
TV reviewin' at de *Times,* got a weekly column in de
Daily Mail, also writin' an' appearin' on de TV an' de
radio, an' done two books, *The Dog It Was That Died* an'
All Except The Bastard an' got a noo one, *The Sanity
Inspector,* comin' out dis summer. In short, he bin workin'
like a black, an' dat de bes' thing about him, all in all.

I.A.